평범한 우리 어린이들을 다음 세대
위인으로 만들어 줄 교과서 위인 이야기!
효리원의 교과서 위인 이야기는 초등학교
교과 과정에 나오는 국내외 위인들을, 우리나라
최고 아동 문학가 53인이 재미있게 동화로 구성했습니다.
지혜와 용기로 위대한 삶을 산 위인들의 이야기는,
어린이들의 마음속에 '나도 할 수 있다.'는
희망의 씨앗을 심어 줄 것입니다!

천상의 멜로디를
작곡한 천재 음악가
모차르트

김옥애 글 / 장종균 그림

효리원
hyoreewon.com

이 책을 읽는 학부모님과 선생님께

유아나 저학년 어린이들은 동물이나 자동차, 위인 이야기 등이 담긴 그림책 보기를 무척 좋아합니다. 또, 스스로 책을 읽기보다는 부모님이나 선생님이 읽어 주면 한결 즐거워하지요.

이 시기의 독서 지도는 일단 책에 흥미를 갖도록 배려해야 합니다. 어린이들이 어떤 것에 흥미를 느끼게 하는 것은 무척 중요한 일입니다. 흥미가 있어야 무슨 일이든지 그 효과가 높아지기 때문입니다.

흥미 있는 책 읽기는 그림책에서부터 시작됩니다. 어린이들이 책에 흥미를 느끼게 된 뒤에는 많은 책을 번갈아 대하는 것보다 한 권의 책을 여러 차례 보는 편이 좋습니다.

짧은 시간에 많은 책을 접하는 것이 바람직하지 않은 것은 아니지만, 정확하고 성실하게 볼 수 있는 태도를 먼저 길러 주어야 합니다.

이 책을 읽는 자녀나 어린이들에게도 우선 그림을 훑어보게 하십시오. 그러면서 책 전체에 들어 있는 이야기의 중심을 알아차린다면 이미 글쓴이의 의도는 알아낸 것과 같습니다.

그다음에는 정신을 가다듬고 글자 한 자, 문장 한 줄을 읽을 수 있는 자세를 길러 주십시오. 책에 관심이 없는 자녀나 제자들이 있다 해도 조급하게 생각할 필요는 없습니다. 어린이들에게 억지로 책을 읽게 한다거나, 강제성을 띤 지도는 피해야 합니다. 이 시기의 어린이들에게는 그림책을 통한 독서 흥미 유발이라는 좋은 방법이 기다리고 있으니까요.

모차르트는 1756년 오스트리아의 잘츠부르크에서 태어나 1791년에 세상을 떠난 뛰어난 음악가랍니다.

그는 어려서부터 작곡가이자 잘츠부르크 대주교 악단의 부악장이던 아버지로부터 많은 음악을 듣고 배우면서 자랐어요. 그래서인지 어린 나이에 이미 피아노를 연주했을 뿐 아니라 손수 곡을 만들기도 했답니다.

비록 서른다섯 살의 짧은 삶을 살다 갔지만, 오페라 「피가로의 결혼」「마술 피리」「레퀴엠」「돈 조반니」를 비롯하여 실내악, 교향곡, 피아노 협주곡 등 무려 600곡이 넘는 작품을 남겼답니다. 그런 까닭에 모차르트를 '음악의 천재'라고 부르고 있지요.

그럼 지금부터 음악의 천재 모차르트를 만나 그의 음악 이야기를 들어 볼까요?

글쓴이 김옥애

차 례

꼬마 음악가

오스트리아 잘츠부르크 게트라이데 거리 9번지에는 희끗 희끗한 눈이 조용히 내리고 있었습니다.

그 눈을 바라보며 간절히 기도하는 사람이 있었습니다. 레오폴트 모차르트라는 남자였습니다.

"오, 하느님. 우리 아기가 무사히 세상에 태어날 수 있도록 도와주십시오."

부인인 안나 마리아는 일곱 번째 아기를 낳으려는 참이었습니다. 그녀는 땀을 흘리며 소리를 질렀습니다.

볼프강 아마데우스 모차르트 | 터키 이스탄불 마담 투소 박물관에 전시되어 있는 모차르트 밀랍 인형

　조금 뒤 집 안 가득 아기의 울음소리가 들렸습니다. 남자 아이였습니다. 이 아이가 바로 볼프강 아마데우스 모차르트 입니다.

　레오폴트 모차르트와 안나 마리아는 모두 일곱 명의 아이 를 낳았습니다. 그러나 그때까지 살아 있는 아이는 다섯 살짜

리 딸 난넬과 방금 태어난 모차르트뿐이었습니다.

음악가인 아버지는 난넬과 모차르트에게 피아노를 가르쳤습니다. 바이올린과 오르간은 물론이고, 책 읽기와 글쓰기도 가르쳤습니다.

"난넬, 춤을 출 때 알맞은 곡을 들려주겠니?"

난넬이 피아노 앞에 앉아 건반을 두드렸습니다.

"난넬, 아주 잘했다."

그러자 세 살 된 모차르트가 말했습니다.

"아버지, 저도 할래요."

누나를 밀치고 피아노 앞에 앉은 모차르트는, 누나가 방금 전에 연주했던 곡을 그대로 따라서 쳤습니다.

"오, 내 아들! 곡을 빨리도 외웠구나!"

아버지는 어린 아들의 재주에 놀랐습니다. 다른 사람들에게 그 재주를 자랑하고 싶은 마음도 생겼습니다.

어린 모차르트는 피아노 연주뿐 아니라 직접 곡을 만들기도 했습니다.

모차르트가 네 살 때였습니다. 펜으로 무엇인가를 열심히 쓰고 있었습니다.

일터에서 돌아온 아버지가 가만히 물었습니다.

"모차르트, 지금 뭐 하고 있니?"

"예, 아버지처럼 곡을 만들고 있어요."

"뭐라고?"

모차르트는 자기가 만든 첫 번째 곡을 아버지에게 보여 주었습니다.

"이 곡을 정말 네가 만들었느냐?"

"그럼요."

오선이 그려진 종이에는 음표들이 가득했습니다.

아버지는 그날 밤 곰곰이 생각했습니다.

'우리 모차르트를 훌륭한 음악가로 만들려면 어떻게 해야 할까? 그 뒷바라지에 내 모든 것을 바쳐야겠어.'

아버지는 모차르트가 일곱 살이 되자 아들을 데리고 연주 여행을 떠났습니다.

독일 뮌헨을 둘러본 모차르트의 가족들은 이어서 오스트리아의 빈에 들렀습니다.

빈의 궁전에서 난넬과 모차르트는 피아노를 연주했습니다. 왕은 난넬의 연주 솜씨를 칭찬해 주었습니다.

그러나 정작 왕의 마음을 끈 쪽은 다섯 살 아래인 모차르트였습니다. 모차르트는 수건으로 눈을 가리고도 피아노를 잘 쳤습니다.

그런데 연주 여행 2주일 만에 모차르트가 앓아눕고 말았습니다. 곧 자리에서 일어나긴 했지만, 모차르트의 몸은 많이 약해져 있었습니다.

아버지는 아이들을 데리고 잘츠부르크 고향 집으로 돌아가기로 했습니다.

유럽 여행

비가 찔끔찔끔 내렸습니다.

마차 바퀴가 낡고 닳은 탓에 자꾸만 덜커덩거렸습니다.

모차르트가 아버지 손을 잡으며 물었습니다.

"아버지, 지금 어디로 가는 거예요?"

"독일 뮌헨."

"그다음은 또 어디지요?"

"프랑크푸르트."

모차르트는 가족들과 함께하는 여행이 즐거웠습니다.

    그들은 뮌헨과 프랑크푸르트에서 여러 음악가들을 만났습
니다. 그러고는 다시 네덜란드를 거쳐 프랑스 파리로 갔습니
다. 파리의 부자들은 모차르트에 대해 관심이 많았습니다.

    "이곳에 피아노를 잘 치는 꼬마 천재가 왔대요."

    "그 아이는 머리에 가발을 쓰고 다닌다면서요?"

    "긴 칼도 차고 있다니 신기하지요. 어서 빨리 연주를 듣고
싶네요."

파리의 부자들은 앞다투어 모차르트를 초대했습니다. 12월이 끝나 갈 무렵에는 베르사유 궁전에도 갔습니다.

그곳에 사는 왕자와 공주들은 모차르트의 피아노 연주를 듣고 깜짝 놀라 입을 떡 벌렸습니다.

모차르트 가족은 배를 타고 영국으로 떠났습니다. 영국 런던에는 모차르트의 이름이 더 널리 알려져 있었습니다.

"파리에서 이름을 날린 꼬마 음악가가 드디어 런던에도 왔

답니다."

"그래요? 그 아이의 연주를 꼭 듣고 싶군요."

도착한 지 4일 만에 그들은 제임스 궁전으로 갔습니다.

왕비가 먼저 노래를 불렀습니다. 그런 다음 자신이 듣고 싶은 곡을 모차르트에게 부탁했습니다.

아버지의 가슴이 철렁 내려앉았습니다.

재빨리 귓속말로 모차르트에게 물었습니다.

"모차르트, 그동안 한 번도 연습해 보지 않은 곡인데, 할 수 있겠니?"

모차르트는 걱정하지 말라는 뜻으로 아버지에게 한쪽 눈을 찡긋해 보였습니다.

왕비는 헨델의 악보를 모차르트 앞에 내밀었습니다. 그러고는 눈을 지그시 감더니, 발로 박자를 맞추면서 고개를 끄덕 끄덕했습니다.

모차르트는 피아노 연주를 자신 있게 들려주었습니다.

"이번에는 바이올린 연주를 들려줘요."

"그렇게 하지요."

모차르트는 왕비가 원하는 대로 척척 곡을 연주했습니다.

아름다운 연주에 기분이 좋아진 왕비는 모차르트의 등을

다독거려 주었습니다.

　아버지는 가족들을 데리고 다시 네덜란드 헤이그로 향했습니다.

　헤이그로 가는 도중에 난넬이 몸을 떨며 말했습니다.

　"아버지, 자꾸만 추워요."

난넬의 몸은 마치 불덩이처럼 뜨거웠습니다. 화장실을 들락거리면서 심한 설사까지 했습니다. 몇 시간 뒤에는 모차르트마저도 난넬처럼 아팠습니다.

"우리 아이들이 왜 이러지요?"

어머니의 얼굴이 새파래졌습니다.

어머니는 부들부들 떨면서 울부짖었습니다.

"안 돼! 너희들까지 잃을 순 없어!"

난넬과 모차르트가 장티푸스에 걸린 것입니다. 다행히 며칠이 지나자 두 아이는 건강을 되찾았습니다.

모차르트의 가족은 더욱 바쁘게 돌아다녔습니다.

그들의 피아노 연주를 듣고 싶어하는 사람들이 많았기 때문입니다. 고향으로 가려던 날짜는 자꾸 미루어졌습니다.

빈에서
생긴 일

어느새 모차르트는 열한 살이 되었습니다.

모차르트는 고향 잘츠부르크에서 보낸 몇 달 동안 아버지 밑에서 음악 공부를 했습니다.

"모차르트, 아돌프 하세와 헨델의 곡들을 잘 들어 보렴."

"예, 아버지."

아버지는 모차르트에게 작곡하는 법을 좀 더 깊이 있게 가르쳤습니다.

"아버지, 재미있어요."

"그래? 그것 참 반가운 일이구나. 너는 하이든보다 더 훌륭한 곡을 만들 수 있을 거야."

하이든은 오스트리아에서 작곡가로 이름을 널리 날리고 있는 사람이었습니다.

모차르트는 고향에서 아홉 달을 보냈습니다.

시간이 흐르자 사람들은 차츰 모차르트의 음악적 재능을 잊어 갔습니다.

아버지는 그것이 두려웠습니다. 그래서 딸과 아들을 데리고 빈으로 떠났습니다.

빈에는 천연두라는 전염병이 돌고 있었습니다. 깜짝 놀란 그들은 급하게 빈에서 빠져나왔습니다.

그러나 한발 늦어 버렸습니다. 난넬과 모차르트는 그사이 천연두를 앓았고, 그들의 얼굴에는 우묵우묵하게 얽은 마마 자국이 생겨나 있었습니다.

"아버지, 제 얼굴이 왜 이렇게 됐죠?"

난넬은 거울을 보면서 엉엉 울었습니다.

그때였습니다.

"하하하, 하하하."

모차르트가 거울을 보면서 큰 소리로 웃었습니다.

"모차르트, 너는 왜 웃지?"

"아버지, 제 얼굴에 음표 머리들이 가득 차 있어요. 그런데 음표의 기둥과 꼬리는 다 어디로 갔을까요?"

모차르트의 눈에는 자신의 얼굴에 생긴 마마 자국까지도 음표로 보였던 것입니다.

아버지는 난넬과 모차르트를 데리고 다시 빈으로 들어갔습니다.

그러나 빈에서는 돈을 벌지 못했습니다. 다만 하이든이나 호프만 같은 훌륭한 음악가들과 어울릴 수 있었다는 것을 위안으로 삼았습니다.

빈에서 돌아온 그들은 고향에서 잠시 쉬었습니다.

둘이서

"난넬, 너는 어머니와 함께 집에 있어라."

아버지는 모차르트만을 데리고 이탈리아로 떠났습니다.

그들은 이탈리아에 있는 여러 도시들을 찾아다녔는데, 가는 곳마다 후한 대접을 받았습니다.

모차르트는 사람들 앞에서 열네 곡이나 연주를 한 적도 있었습니다.

때때로 모차르트는 자신이 작곡한 음악을 들려주기도 했습니다.

"모차르트, 이번 여행에서는 네가 꼭 만나야 할 사람이 있단다."

"누군데요?"

"볼로냐에 살고 있는 마르티니 신부님이란다."

"그래요?"

"이제부터는 그분 밑에서 음악을 배우렴."

마르티니 신부님은 64세의 할아버지였습니다. 그는 말이 별로 없었습니다.

"모차르트, 반갑구나. 먼저 기초를 튼튼히 하는 공부부터 시작해 보자."

마르티니 신부님은 오래되어 색깔이 변한 책들을 가지고 왔습니다. 그는 음악뿐 아니라 여러 방면의 공부를 두루 한 사람이었습니다. 유럽 사람들은 한결같이 마르티니 신부님을 우러러보았습니다.

"나이 든 음악가들이 만들어 놓은 곡부터 먼저 익혀야 해. 지금 유행하는 음악보다 옛날부터 전해져 내려오는 것을 공부하는 것이 더 중요하단다."

"예, 신부님."

모차르트는 넉 달 동안 마르티니 신부님께 곡 만드는 법을 배웠습니다.

"모차르트, 그동안 열심히 공부했으니 이번에 볼로냐 음악 원의 회원을 뽑는 시험을 한번 보렴."

"네, 그렇게 하겠습니다."

모차르트는 단번에 시험에 합격해서 음악원 회원이 되었습니다. 모두 마르티니 신부님 덕택이었습니다.

아버지는 이탈리아에서 모차르트가 일할 만한 곳을 찾아보았습니다. 아버지는 아들이 대주교가 있는 곳에서 일하기를 원했습니다. 하지만 아버지의 그런 뜻은 쉽게 이루어지지 않았습니다.

그들은 고향인 잘츠부르크로 돌아가기로 했습니다. 모차르트는 고향의 대주교가 사는 곳에서 일하게 되었습니다. 세상에 태어나 처음으로 돈을 받고 하는 일이었습니다.

"모차르트, 우선 교회 음악을 많이 만드시오. 이곳 행사에 쓸 곡도 있어야 하오. 또……."

"예, 주교님."

모차르트는 대답을 하긴 했지만 괴로웠습니다. 이제 고향에 꽁꽁 묶인 몸이라는 기분이 들었던 것입니다.

모차르트는 아버지를 졸랐습니다.

"아버지, 저는 대주교가 싫어요. 이곳에서는 제가 하고 싶은 음악을 할 수가 없어요."

"그래, 알고 있다."

아버지는 대주교와 사이가 좋지 않은 모차르트를 달랬습니다. 모차르트가 스무 살 때였습니다.

결국 모차르트는 대주교 밑에서 하던 일을 그만두었습니다. 그리고 이번에는 어머니와 단둘이 여행길에 올랐습니다.

그들은 독일 뮌헨으로 갔습니다. 하지만 고향에서 대주교와 잘 지내지 못했다는 소문이 어느새 그곳까지 퍼져 있었습니다. 그 소문은 일자리를 구하러 가는 곳마다 모차르트의 앞

을 가로막았습니다.

 모차르트는 뮌헨을 떠나 음악의 도시 만하임으로 갔습니다. 만하임에는 많은 음악가들이 살고 있었습니다. 그곳에서 모차르트는 노래를 잘 부르는 한 여자를 만났습니다.

 "알로이지아, 나와 함께해 주시오."

 "모차르트, 난 당신을 좋아하지 않아요."

 "알로이지아, 당신을 위해 많은 곡을 만들겠소."

 "그건 당신 마음대로 하세요. 어쨌든 난 당신을 좋아하지 않아요."

 그런 모차르트를 바라보며 어머니는 쓸쓸해졌습니다.

 어머니는 고향에 있는 딸과 남편이 그리웠습니다.

 "모차르트, 하루빨리 잘츠부르크로 돌아가고 싶구나."

 어머니의 말에 모차르트는 아무 대답도 못 했습니다.

 모차르트는 어머니와 함께 프랑스 파리로 갔습니다.

 파리에 도착한 모차르트는 학생들에게 피아노를 가르쳤습니다. 오르간 연주회도 열었습니다.

6월이 되자 어머니의 건강이 갑자기 나빠졌습니다. 어머니는 한 달 동안 높은 열에 시달렸습니다. 그러다 끝내 눈을 감고 말았습니다.

모차르트는 어머니를 파리에 묻혔습니다.

그리고 눈물을 흘리며 편지를 써 아버지에게 어머니의 사망 소식을 전했습니다.

볼프강 아마데우스 모차르트 초상화

그러자 아버지로부터 짧은 답장이 왔습니다.

모차르트,

어서 고향으로 돌아오너라.

　　　　　-아버지로부터-

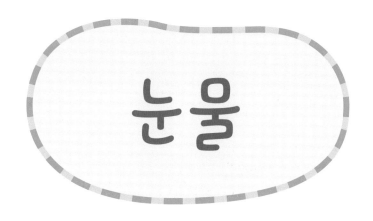

눈물

고향으로 돌아온 모차르트는 다시 대주교의 오르간 연주
자가 되었습니다. 또다시 하루하루 재미없는 생활이 이어졌
습니다. 그는 지루해서 견딜 수가 없었습니다.

그러던 어느 날, 뮌헨에서 오페라를 만들어 달라는 부탁이
왔습니다. 모차르트는 대주교에게 42일 간의 휴가를 받아 뮌
헨으로 갔습니다.

오페라도 완성되고 대주교와 약속한 기간도 지났지만, 모
차르트는 고향으로 돌아가지 않았습니다.

"모차르트, 지금 뮌헨에서 무얼 하고 있는 거요? 지금 바로 빈으로 오시오."

볼일이 있어서 빈에 들른 대주교가 모차르트를 불러 말했습니다. 대주교는 모차르트를 다그쳤습니다.

"「이도메네오」라는 곡을 다 만들었다고 들었소. 그럼 잘츠부르크로 왔어야 하지 않소?"

"주교님, 저는 앞으로 이곳 빈에서 살겠습니다."

"그게 무슨 소리요?"

"다시는 당신 밑으로 가지 않겠다는 뜻입니다."

화가 난 대주교는 모차르트에게 욕을 퍼붓고는 혼자 잘츠부르크로 돌아가 버렸습니다.

원했던 대로 자유로운 몸이 되었지만, 모차르트는 돈 한 푼 없는 외톨이였습니다.

그 무렵 빈에서, 만하임에 있을 때 좋아했던 알로이지아의 동생 콘스탄체를 만났습니다.

스물여섯 살의 모차르트는 아버지에게 편지를 보냈습니다.

아버지, 콘스탄체와 결혼하고 싶습니다.

부디 허락해 주세요.

아버지는 콘스탄체와의 결혼을 반대했습니다.

하지만 모차르트는 슈테판 대성당에서 기어이 결혼식을 올렸습니다. 아버지는 예식에 참석하지 않았습니다.

결혼을 한 모차르트는 돈에 쪼들렸습니다.

아내와 아이를 먹여 살리기 위해 교향곡을 만들었습니다. 학생들도 가르쳤습니다. 음악회도 자주 열었습니다. 피아노 협주곡도 차례차례 만들어 나갔습니다.

그러는 동안 3년이 흘렀습니다. 어느 날, 아버지가 모차르트를 만나러 빈에 왔습니다. 아버지는 모차르트를 그만 용서하기로 마음먹었습니다. 얼마 전에 만난 하이든이 모차르트를 듬뿍 칭찬했기 때문입니다.

"당신의 아들 모차르트는 내가 알고 있는 음악가 중에서 가

장 위대한 작곡가입니다."

하이든이 이렇게 말하자, 아버지는 눈물까지 글썽였습니다. 아버지는 이제 모차르트가 성공을 한 거나 다름없다고 믿었습니다.

모차르트도 아버지를 반갑게 맞이했습니다.

"아버지, 어서 오세요!"

"그래, 내 아들, 자랑스럽구나!"

피가로의 결혼

모차르트는 어느덧 서른 살이 되었습니다.

"여보!"

모차르트가 콘스탄체를 불렀습니다.

"왜요?"

"이번에 만들 오페라 곡을 생각해 보았는데, 기분이 아주 좋소."

작은 키에 뚱뚱한 몸을 흔들며 모차르트는 콧노래를 불렀습니다.

볼프강 아마데우스 모차르트 | 터키 이스탄불 마담 투소 박물관에 전시되어 있는 모차르트 밀랍 인형입니다.

"곡만 만들면 뭐 해요? 돈을 많이 벌어 와야지."

콘스탄체는 시큰둥하게 쏘아붙였습니다.

"이번 곡은 누가 부탁해서 만드는 것이 아니오. 내가 스스로 원해서 작곡한 거라오."

"알았어요. 그런데 오페라 제목이 뭐예요?"

콘스탄체가 물었습니다.

"피가로의 결혼!"

순간 콘스탄체는 멈칫했습니다.

"위험해요. 부자나 귀족들한테 비난 받을 거예요."

"괜찮소. 걱정 말아요."

"하긴……. 어쨌든 돈만 많이 벌어 오세요."

가난에 쪼들린 콘스탄체는 말 끝마다 돈타령이었습니다. 하루 벌어 하루 살아가는 생활이 지긋지긋했던 것입니다.

「피가로의 결혼」은 극작가 보마르셰가 쓴 글에 모차르트가 곡을 붙인 오페라로, 빈 극장에서 맨 처음 공연되었습니다.

'피가로'라는 하인이 주인인 알마비바 백작을 지혜로 물리치고, 시녀 쉬잔과 결혼한다는 내용의 이 오페라는 사람들에게 관심의 대상이 되었습니다.

모차르트의 바이올린 | 모차르트가 어릴 때 연주했던 바이올린으로, 알렉산더 마이어가 만들었습니다.

♫피가로~, 피가로~♫

♩피가로~, 피가로, 피가로~♪

    오페라를 본 사람들은 '피가로'의 이름을 노래로 불렀습니다. 느낀 점들도 서로 이야기했습니다.

    "그렇지, 심부름만 하며 사는 사람들이 따로 있는 게 아니야. 태어날 땐 모두 똑같지."

    "그렇고말고. 귀한 사람이 어디 있고, 천한 사람이 어디 있담!"

    "귀족들은 망하고, 보통 사람들이 잘사는 세상이 곧 올 것 같아요."

    극장 앞에는 「피가로의 결혼」을 보러 온 사람들의 줄이 길게 늘어섰습니다. 하지만 모차르트는 여전히 사람들에게 돈을 빌리러 다녔습니다. 집값이 싼 곳으로 이사까지 했지만 사정은 나아지지 않았습니다.

    일 년 뒤, 모차르트는 프라하의 귀족에게 초대를 받았습니다. 「피가로의 결혼」이 그곳 극장에서도 공연되었습니다. 극장 안에는 사람들이 꽉 들어찼습니다. 오페라가 끝나자 박수 소리가 그치지 않았습니다. 모차르트는 즉석에서 피아노 연

모차르트 동상 | 오스트리아 잘츠부르크 모차르트 광장에 세워져 있습니다.

주까지 해 주었습니다.

모차르트를 찾아온 극장 주인이 말했습니다.

"모차르트, 이번 「피가로의 결혼」은 정말 대단했습니다."

"하하하, 그렇습니까?"

"새로운 오페라를 하나 더 만들어 주십시오."

"그렇게 하지요."

돈 조반니

프라하의 극장 주인에게 줄 오페라를 궁리하던 모차르트는 다 폰테가 쓴 대본「돈 조반니」에 곡을 붙이기로 마음먹었습니다.

주인공인 '돈 조반니'는 바람둥이 남자로, 많은 여자들을 거짓말로 꾀어 울게 만든 악마 같은 사람입니다. 그는 사람을 죽이기도 하고, 다른 이의 무덤을 파헤치기도 하였습니다.

모차르트가「돈 조반니」작곡에 열중하고 있을 때였습니다. 고향에서 아버지가 세상을 떠났다는 소식이 왔습니다.

"아버지! 아버지!"

모차르트는 큰 슬픔에 젖었습니다.

아버지를 따라 연주 여행을 다녔던 일들이 떠올랐습니다.

이제 아버지가 없는 고향 잘츠부르크는 영영 멀어질 것 같았

습니다.

　모차르트는 아버지를 그리워하면서 오페라 「돈 조반니」 작곡에 더욱 매달렸습니다.

　곡을 다 만든 모차르트는 곧장 프라하로 달려갔습니다. 극장 주인은 모차르트를 반갑게 맞았습니다.

　「돈 조반니」는 프라하 극장에서 처음으로 발표되었습니다.

　"모차르트는 역시 대단한 음악가야!"

　"어쩜 이리도 멋진 오페라를 만들었을까!"

　"「돈 조반니」는 오래오래 세상에 남을 곡이 될 거야."

　오페라를 보고 난 프라하 사람들은 모차르트에게 박수를 아끼지 않았습니다.

　또다시 일 년이 지났습니다.

　「돈 조반니」는 빈 극장에서도 공연되었습니다.

　오페라가 끝나자 빈 사람들은 끼리끼리 모여 수군댔습니다.

　"모차르트의 음악은 왜 이렇게 어렵지?"

　"나는 「돈 조반니」가 별로야."

"내용이 전혀 새롭지 않아."

빈에서의「돈 조반니」공연은 실패하고 말았습니다.

빈 사람들은 모차르트를 그다지 높게 평가하지 않았습니

다. 모차르트의 재능을 은근히 질투하는 음악가들이 있었기
때문입니다.

마술 피리

모차르트의 살림은 날이 갈수록 말이 아니었습니다.

그는 늘 높은 열에 시달리며 앓았습니다. 아내 콘스탄체도 몸이 약해 병을 자주 앓았습니다. 그런데도 모차르트와 콘스탄체는 겉치레를 위해 돈을 빌렸습니다. 빌려 온 돈을 서로 펑펑 써 버렸습니다.

빈에서「돈 조반니」가 성공을 거두지 못했지만, 모차르트는 좌절하지 않았습니다. 쉬지 않고 여러 곡들을 더 많이 만들었습니다.

모차르트가 서른세 살 때였습니다.

빈의 비덴 극장 주인이 그를 찾아왔습니다. 극장 주인의 손에「마술 피리」라는 글이 들려 있었습니다.

"모차르트, 어디 아파요? 얼굴빛이 상당히 좋지 않군요. 그런데 어쩌죠? 이 글에 곡을 좀 붙여 주셨으면 하는데……."

마침 콘스탄체는 아이들을 데리고 바덴에 쉬러 가 있었습니다.

극장 주인은 빈에 혼자 남아 있는 모차르트에게 방까지 구해 주었습니다.

그 방에서 모차르트는「마술 피리」를 읽으며 곡을 만들었습니다.

한창 일에 빠져 있을 때 누군가가 문을 두드렸습니다.

"누구시오?"

"당신에게 곡을 하나 부탁하러 왔소."

얼굴을 회색 수건으로 가린 남자는 모차르트에게 많은 돈을 내놓았습니다.

부자인 그는 음악을 무척 좋아했습니다.

"레퀴엠을 만들어 주시오."

레퀴엠이란 죽은 사람의 영혼을 위로하기 위한 음악을 말합니다.

"레퀴엠을요?"

"그렇소. 내 아내의 제삿날에 들을 참이오."

"그렇게 하지요."

모차르트는 「마술 피리」를 아직 끝내기 전이었지만, 그 남자의 부탁을 받아들였습니다.

"내가 누구인지는 묻지 마시오. 돈은 달라는 대로 줄 테니까……."

"알겠소."

모차르트의 병은 점점 깊어 갔습니다. 손과 발이 퉁퉁 부어올랐습니다. 부은 손과 발을 꼬집어도 아픔을 느끼지 못할 정도였습니다.

모차르트는 그렇게 아픈 몸을 이끌고 「마술 피리」의 작곡을

끝마쳤습니다.

오페라 「마술 피리」가 마침내 빈의 비덴 극장에서 선보였습니다. 비덴 극장을 찾는 사람들은 부자들이 아니었습니다. 그냥 보통 사람들이었습니다.

그들은 「마술 피리」를 보고 나서 모차르트의 이름을 외쳤습니다.

"모차르트 만세! 「마술 피리」 만세!"

병이 깊어진 모차르트는 움직이기조차 어려워 누워서 지내야 했습니다. 그러면서도 약으로 몸을 달래며 「레퀴엠」 작곡에 매달렸습니다. 잠도 거의 자지 못했습니다. 차츰 모차르트의 숨소리가 가빠졌습니다.

한순간, 손에서 펜이 스르르 빠져나왔습니다. 다 끝내지 못한 「레퀴엠」 악보가 침대 아래로 떨어졌습니다.

서른다섯 살의 모차르트는 이렇게 세상을 떠났습니다. 더욱이 모차르트가 떠나가는 길엔 아무도 없었습니다. 친구는 물론이요, 아내의 모습도 보이지 않았습니다.

모차르트 동상 | 오페라, 교향곡, 피아노 협주곡, 실내악 등 600여 곡을 남긴 천재 음악가 모차르트의 동상입니다.

　가난했던 모차르트는 십자가 하나가 세워져 있는 공동묘지로 옮겨졌습니다. 그의 시체는 죽은 사람이 여럿 모아져 있는 곳에 함께 묻혔습니다.

　비록 짧은 생이었지만, 모차르트는 600곡이 넘는 작품들을 남겼습니다. 몇백 년이 지난 지금까지도 그의 음악은 오스트리아를 비롯 세계 여러 나라에서 한결같이 사랑 받고 있습니다. ✿

연 대	발 자 취
1756년(0세)	7년 전쟁이 시작되다. 1월 27일 오스트리아 잘츠부르크에서 태어나다.
1763년(7세)	7년 전쟁이 끝나다. 유럽 연주 여행을 시작하다.
1765년(9세)	독일 황제 프란츠 1세가 세상을 뜨고, 요제프 2세가 통치하다. 헤이그에 머물면서 소나타를 작곡하다.
1767년(11세)	빈으로 연주 여행을 떠나다.
1769년(13세)	프랑스의 황제 나폴레옹 1세가 태어나다. 고향으로 돌아와 궁정악단에서 일을 하다.
1772년(16세)	세 번째 이탈리아 연주 여행을 떠나다.
1773년(17세)	잘츠부르크로 돌아와 교향곡, 피아노 협주곡 등을 작곡하다.
1778년(22세)	어머니가 세상을 떠나다. 9월 만하임에서 잘츠부르크로 돌아오다.
1782년(26세)	8월 4일 베버의 딸 콘스탄체와 결혼하다.
1785년(29세)	봄에 아버지 레오폴트 모차르트가 빈에 오다. 요제프 하이든에게 현악 4중주곡을 만들어 바치다.
1786년(30세)	빈에서 오페라 「피가로의 결혼」을 공연하다.
1787년(31세)	아버지 레오폴트 모차르트가 세상을 떠나다. 프라하에서 오페라 「돈 조반니」를 공연하다.
1790년(34세)	오스트리아 황제 요제프 2세가 세상을 떠나다. 오페라 「코시 판 투테」를 공연하다.
1791년(35세)	빈에서 오페라 「마술 피리」를 공연하다. 12월 5일 「레퀴엠」을 완성하지 못한 채 빈에서 세상을 떠나다.

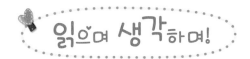
읽으며 생각하며!

1. 모차르트가 태어난 곳은 어디인가요?

_____

2. 다음은 모차르트가 서른 살 때 만든 오페라를 본 사람들이 한 말입니다. 이 오페라의 이름은 무엇인가요?

"그렇지. 심부름만 하며 사는 사람들이 따로 있는 게 아니야. 태어날 땐 모두 똑같지."

"그렇고말고. 귀한 사람이 어디 있고, 천한 사람이 어디 있담!"

"귀족들은 망하고, 보통 사람들이 잘사는 세상이 곧 올 것 같아요."

_____

_____

3. 음악 여행을 떠났던 모차르트는 고향에 돌아와 대주교가 사는 곳에서 일하게 됩니다. 그런데 모차르트는 대주교 밑에서 일하는 것을 싫어했습니다. 그 이유는 무엇인가요?

_____

_____

4. 다음의 글을 읽고, 모차르트와 콘스탄체 부부의 행동에 대해 어떻게 생각하는지 자신의 의견을 말해 보세요.

모차르트의 살림은 날이 갈수록 말이 아니었습니다.

그는 늘 높은 열에 시달리며 앓았습니다.

아내 콘스탄체도 몸이 약해 병을 자주 앓았습니다. 그런데도 모차르트와 콘스탄체는 겉치레를 위해 돈을 빌렸습니다. 빌려 온 돈을 서로 펑펑 써 버렸습니다.

_____

_____

_____

5. 모차르트가 음악에 재능을 보이자, 아버지는 훌륭한 음악가로 만들겠다고 마음먹습니다. 그러고는 모차르트를 데리고 연주 여행을 떠납니다. 이런 아버지의 모습을 보고 어떤 느낌이 들었나요?

_____

_____

_____

6. 다음은 모차르트가 만든 「돈 조반니」가 공연된 후 일어난 일입니다. 모차르트를 질투한 사람들에게 어떤 말을 해 주고 싶은지 써 보세요.

오페라가 끝나자 빈 사람들은 끼리끼리 모여 수군댔습니다.
"모차르트의 음악은 왜 이렇게 어렵지?"
"나는 「돈 조반니」가 별로야."
"내용이 전혀 새롭지 않아."
빈에서의 「돈 조반니」 공연은 결국 실패하고 말았습니다. 빈 사람들은 모차르트를 그다지 높게 평가하지 않았습니다. 모차르트의 재능을 은근히 질투하는 음악가들이 있었기 때문입니다.

 풀이

1. 오스트리아 잘츠부르크.

2. 피가로의 결혼.

3. 하고 싶은 음악을 할 수 없기 때문에.

4. 예시 : 체면 때문에 돈을 마구 쓰는 것은 좋지 않은 행동이다. 게다가 돈을 빌려서까지 겉치레를 하는 것은 매우 어리석다고 생각한다. 정말 중요한 것은 다른 사람의 눈이 아니라 나 자신이다. 남의 시선 때문에 돈을 빌려서 마구 쓰고, 그 돈을 갚기 위해 쉴 틈도 없이 일한다면 행복하게 살 수 없을 것이다.

5. 예시 : 부모님은 자식들에게 큰 사랑을 주신다는 것을 다시 한 번 느꼈다. 어떻게 하면 우리에게 더 좋은 것을 줄 수 있을지 생각하시고, 재능을 이끌어내려고 하신다. 모차르트의 재능을 알아보고 뒷받침해 준 아버지가 없었다면 모차르트는 성공할 수 없었을 것이다. 그런 점에서 부모님의 역할이 얼마나 큰지 알 수 있다.

6. 예시 : 뛰어난 능력을 가진 사람을 질투하기 전에, 자신을 갈고 닦아 재능을 발견할 수 있도록 노력하라고 말하고 싶다. 무조건 질투를 하는 것은 옳지 않다. 인기를 얻거나 칭찬을 받는 것은 그럴 만한 이유가 있기 때문이니 그 이유가 무엇인지 생각하고, 본받을 점을 찾는 것이 바람직하다.

한국사 (위인)

- 광개토 태왕 (374~412)
- 을지문덕 (?~?)
- 연개소문 (?~666)
- 김유신 (595~673)
- 대조영 (?~719)
- 장보고 (?~846)
- 왕건 (877~943)
- 강감찬 (948~1031)
- 최무선 (1328~1395)
- 황희 (1363~1452)
- 세종 대왕 (1397~1450)
- 장영실 (?~?)
- 신사임당 (1504~1551)
- 이이 (1536~1584)
- 허준 (1539~1615)
- 유성룡 (1542~1607)
- 한석봉 (1543~160...)
- 이순신 (1545~155...)
- 오성과 한음 (오성 1556~1618 / 한음 1561~1613)

한국사 (사건)

- 고구려 살수 대첩 (612)
- 신라 삼국 통일 (676)
- 견훤 후백제 건국 (900)
- 궁예 후고구려 건국 (901)
- 고려 강화로 도읍 옮김 (1232)
- 개경 환도, 삼별초 대몽 항쟁 (1270)
- 문익점 원에서 목화씨 가져옴 (1363)
- 최무선 화약 만듦 (1377)
- 허준 동의보... 완성 (1610)
- 병자호란 (1636)
- 상평통보 전국 유통 (1678)

- 고조선 건국 (B.C. 2333)
- 철기 문화 보급 (B.C. 300년경)
- 고조선 멸망 (B.C. 108)
- 고구려 불교 전래 (372)
- 신라 불교 공인 (527)
- 대조영 발해 건국 (698)
- 장보고 청해진 설치 (828)
- 왕건 고려 건국 (918)
- 귀주 대첩 (1019)
- 윤관 여진 정벌 (1107)
- 조선 건국 (1392)
- 훈민정음 창제 (1443)
- 임진왜란 (1592~1598)
- 한산도 대첩 (1592)

한국사 시대 구분

| B.C. | 선사 시대 및 연맹 왕국 시대 | A.D. 삼국 시대 | 698 남북국 시대 | 918 | 고려 시대 | 1392 |

| 2000 | 500 | 400 | 300 | 100 | 0 | 300 | 500 | 600 | 800 | 900 | 1000 | 1100 | 1200 | 1300 | 1400 | 1500 | 1600 |

| B.C. | 고대 사회 | A.D. 375 | 중세 사회 | 1400 |

세계사

- 중국 황하 문명 시작 (B.C. 2500년경)
- 인도 석가모니 탄생 (B.C. 563년경)
- 알렉산더 대왕 동방 원정 (B.C. 334)
- 크리스트교 공인 (313)
- 게르만 민족 대이동 시작 (375)
- 로마 제국 동서로 분열 (395)
- 수나라 중국 통일 (589)
- 이슬람교 창시 (610)
- 수 멸망 당나라 건국 (618)
- 러시아 건국 (862)
- 거란 건국 (918)
- 송 태종 중국 통일 (979)
- 제1차 십자군 원정 (1096)
- 테무친 몽골 통일 칭기즈 칸이 됨 (1206)
- 원 제국 성립 (1271)
- 원 멸망 명 건국 (1368)
- 잔 다르크 영국군 격파 (1429)
- 구텐베르크 금속 활자 발명 (1450)
- 코페르니쿠스 지동설 주장 (1543)
- 도요토미 히데요시 일본 통일 (1590)
- 독일 30년 전쟁 (1618)
- 영국 청교도 혁명 (1642~16...)
- 뉴턴 만유 인력의 법칙 발견 (1665)

세계사 (위인)

- 석가모니 (B.C. 563?~B.C. 483?)
- 예수 (B.C. 4?~A.D. 30)
- 칭기즈 칸 (1162~1227)

정약용
(1762~1836)

김정호
(?~?)

주시경
(1876~1914)

김구
(1876~1949)

안창호
(1878~1938)

안중근
(1879~1910)

우장춘
(1898~1959)

유관순
(1902~1920)

방정환
(1899~1931)

윤봉길
(1908~1932)

이중섭
(1916~1956)

백남준
(1932~2006)

이태석
(1962~2010)

이승훈 천주교 전도 (1784)

최제우 동학 창시 (1860)

김정호 대동여지도 제작 (1861)

강화도 조약 체결 (1876)

지석영 종두법 전래 (1879)

갑신정변 (1884)

동학농민운동, 갑오개혁 (1894)

대한제국 성립 (1897)

을사조약 (1905)

헤이그 특사 파견, 고종 퇴위 (1907)

한일강제합방 (1910)

3·1운동 (1919)

어린이날 제정 (1922)

윤봉길·이봉창 의거 (1932)

8·15 광복 (1945)

대한민국 정부 수립 (1948)

6·25 전쟁 (1950~1953)

10·26 사태 (1979)

6·29 민주화 선언 (1987)

서울 올림픽 개최 (1988)

북한 김일성 사망 (1994)

의약분업 실시 (2000)

| 조선 시대 | 1876 개화기 | 1897 대한 제국 | 1910 일제 강점기 | 1948 대한민국 |

| 1700 | 1800 | 1850 | 1860 | 1870 | 1880 | 1890 | 1900 | 1910 | 1920 | 1930 | 1940 | 1950 | 1970 | 1980 | 1990 | 2000 |

| 근대 사회 | 1900 현대 사회 |

미국 독립 선언 (1776)

프랑스 대혁명 (1789)

청·영국 아편 전쟁 (1840~1842)

미국 남북 전쟁 (1861~1865)

베를린 회의 (1878)

청·프랑스 전쟁 (1884~1885)

청·일 전쟁 (1894~1895)

헤이그 평화 회의 (1899)

영·일 동맹 (1902)

러·일 전쟁 (1904~1905)

제1차 세계 대전 (1914~1918)

러시아 혁명 (1917)

세계 경제 대공황 시작 (1929)

제2차 세계 대전 (1939~1945)

태평양 전쟁 (1941~1945)

국제 연합 성립 (1945)

소련 세계 최초 인공위성 발사 (1957)

제4차 중동 전쟁 (1973)

소련 아프가니스탄 침공 (1979)

미국 우주 왕복선 콜럼비아호 발사 (1981)

독일 통일 (1990)

유럽 11개국 단일 통화 유로화 채택 (1998)

미국 9·11 테러 (2001)

워싱턴 (1732~1799)

페스탈로치 (1746~1827)

모차르트 (1756~1791)

나폴레옹 (1769~1821)

링컨 (1809~1865)

나이팅게일 (1820~1910)

파브르 (1823~1915)

노벨 (1833~1896)

에디슨 (1847~1931)

가우디 (1852~1926)

라이트 형제 (형. 윌버 1867~1912 / 동생. 오빌 1871~1948)

마리 퀴리 (1867~1934)

간디 (1869~1948)

아문센 (1872~1928)

슈바이처 (1875~1965)

아인슈타인 (1879~1955)

헬렌 켈러 (1880~1968)

테레사 (1910~1997)

만델라 (1918~2013)

마틴 루서 킹 (1929~1968)

스티븐 호킹 (1942~2018)

오프라 윈프리 (1954~)

스티브 잡스 (1955~2011)

빌 게이츠 (1955~)

2023년 9월 25일 2판 9쇄 **펴냄**
2014년 2월 25일 2판 1쇄 **펴냄**
2008년 3월 10일 1판 1쇄 **펴냄**

펴낸곳 (주)효리원
펴낸이 윤종근
글쓴이 김옥애 · **그린이** 장종균
사진 제공 중앙포토
등록 1990년 12월 20일 · **번호** 2-1108
우편 번호 03147
주소 서울시 종로구 삼일대로 457, 406호
전화 02)3675-5222 · **팩스** 02)765-5222

ⓒ 2008 · 2014, (주)효리원

ISBN 978-89-281-0327-0 64990

이메일 hyoreewon@hyoreewon.com
홈페이지 www.hyoreewon.com